AF263357

LA LIBERTÉ VRAIE

RÉPONSE

A une demande faite par M. Emile Ollivier

SUR

LES MOYENS DE COMBATTRE LE PAUPÉRISME

PAR UN ANCIEN OUVRIER IMPRIMEUR

EN VENTE :

Chez **M. ALLARD**, libraire,   Chez **M. CHAPELIER**, libraire,
rue de Paris, à Courbevoie.   rue des Martyrs, à Puteaux.

Et chez les principaux Libraires de Paris.

SAINT-GERMAIN
IMPRIMERIE ET LIBRAIRIE TH. LANCELIN,
Rue de Paris, 27.

1870

LA
LIBERTÉ VRAIE

Fiat lux!

« *Il en est qui prétendent connaître les moyens*
» *de détruire et de soulager les misères !*

» *Qu'ils viennent à nous, qu'ils nous exposent*
» *leurs moyens, qu'ils nous prouvent que leurs*
» *projets sont justes, pratiques, réalisables,*
» *nous sommes disposés à accepter tout ce qui*
» *est juste, pratique et réalisable ! »*

(Assemblée législative, séance du 17 Janvier 1870.

Discours de S. Exc. M. Émile OLLIVIER.

AUX OUVRIERS, MES CAMARADES ! (*)

Je viens vous répéter, sans doute, pour la dernière fois, ce que ma vieille expérience m'a fait connaître et ce que j'ai déjà eu l'honneur de vous dire dans d'autres réunions : c'est

---

(*) Abrégé d'un discours qui devait être prononcé à Puteaux dans une réunion électorale.

que *pas plus en Amérique qu'en Europe, il n'y a de liberté possible pour l'homme s'il n'est pas certain de vivre en travaillant !*

PARTOUT, PARTOUT ; LA PAUVRETÉ C'EST L'ESCLAVAGE !

En effet, celui qui manque de pain ne saurait être libre ! Et la liberté n'est qu'un vain mot pour l'ouvrier, si le travail, sa seule ressource, vient à lui manquer !

Mais est-il libre, dites-le-moi, celui qui redoute pour sa famille les funestes conséquences des chômages et des grèves !

Non ! mille fois non ! pas de liberté possible pour celui qui est obligé de se courber sous le joug fatal de la nécessité !

La nécessité ? Citoyens ! Voilà le despote, c'est le tyran qu'il faut vaincre ! Et nous le pourrons, si nous mettons en pratique le précepte du Maître :

Aimons-nous et aidons-nous les uns et les autres !

Ecoutez :

Dans une réunion électorale de la 3e circonscription, le citoyen Durier, disait :

« Il faut que les Sociétés de secours mutuels affranchies
« du joug du Gouvernement, deviennent de vastes assurances
« contre la *maladie* et le *chômage !* »

C'était parler d'or, et j'applaudis à ce programme qui devrait précéder tous les autres ; il est le mien depuis trente ans, et il devrait être celui des mandataires de la Nation, qui veulent légalement, franchement, sans arrière-pensée, la civilisation et l'émancipation du prolétaire.

Mais j'ajoute que comme moyens pratiques et afin d'arriver à ce résultat,

Il faut :

Que les mêmes députés s'unissent et fassent tous leurs efforts, afin que les décrets, ordonnances, etc., qui régissent ces Sociétés, soient rapportés.

Il faut que, dans une certaine mesure, leurs fondations soient obligatoires; en outre, et je ne saurais trop insister sur cette nécessité, de leur organisation, doit ressortir la création de tribunaux d'arbitrage, lesquels étant mixtes auraient à connaître et à juger en dernier ressort, les différends qui pourraient s'élever à propos de salaires ou autres contestations entre les patrons et les ouvriers, et cela, afin d'empêcher les grèves dont les conséquences sont une honte pour l'humanité et la civilisation.

N'ayant pour base que la fraternité la plus sincère, les Sociétés de secours mutuels ne doivent avoir nullement besoin d'être surveillées; leurs statuts, votés en assemblée générale, par les sociétaires, auront force de loi; constituées, elles s'affirmeront, se feront connaître et seront majeures !

La gérance, la direction, n'en devront appartenir qu'aux sociétaires élus !

Je pense, citoyens, que voilà une route toute tracée et réellement pratique, afin d'arriver à l'émancipation réelle des travailleurs !

Soyez sans inquiétudes, puissants et riches... L'anarchie et le désordre ne prendront jamais naissance au sein de ces sociétés! Au contraire, et je vais vous démontrer tout à l'heure que, plus que vous, elles ont un intérêt puissant au maintien de *l'ordre* et de la *paix!*

Mais auparavant, je veux faire une demande à nos représentants; il faut, s'ils veulent être conséquents avec leurs mandats, qu'ils créent collectivement ou avec l'appui du Pouvoir, *le Moniteur du Travail ;* cette création, selon moi, doit aider à résoudre cette trop fameuse question de *l'organisation du travail* incomprise par le plus grand nombre, et devenue pour les autres un motif d'épouvante.

Le Moniteur du Travail aura pour correspondants obligés, les *instituteurs ;* avec leur concours, on saurait au moins avec certitude quels sont les besoins de l'agriculture! Dans quelles localités on pourrait occuper des bras; car malgré l'enquête et le rapport de nos savants qui ont constaté qu'il y avait partout pénurie de travailleurs, chose incroyable et cependant vraie, l'on ne saurait dire où l'on pourrait occuper *un berger, un valet de ferme ;* et cependant, *s'il est intéressant de savoir comment on élève des abeilles, il doit l'être davantage de savoir comment des hommes peuvent vivre.*

De même, ils pourraient fournir de précieux renseignements pour les industries locales; celles en chômage, les motifs; celles où le salaire n'est pas suffisamment rénumérateur; celles surtout, où par une coupable spéculation, sont occupés des femmes et des enfants qui s'étiolent et se corrompent, tandis que les maris, les pères restent oisifs.

Ces renseignements et bien d'autres pourraient être augmentés de ceux fournis par nos députés, lesquels deviendraient officiels! En un mot, rien ne devra être négligé de ce qui peut intéresser l'hygiène, la moralité et l'avenir des travailleurs et des industriels en général!

Ce journal devra aussi dénoncer à l'opinion publique, ces fastueux industriels qui, spéculant sur la misère de nos filles, sur le besoin d'un fabricant aux abois, se font bâtir des châteaux princiers, dont le mortier a été arrosé avec les sueurs de l'exploité et les larmes du malheureux à la veille de déposer son bilan!

Le Moniteur du Travail devra aussi ouvrir une enquête sur les contrats d'apprentissage; il faut connaître et dénoncer les fabricants qui spéculent sur nos enfants, sous le prétexte de leur apprendre des états; ils font produire à bon marché, pour faire une concurrence qui nuit au commerce, sans profits pour personne, — c'est ce qu'il sera facile de prouver :

Les renseignements concernant les offres et les conditions du travail, devront être enregistrés gratuitement; le premier bienfait qui pourra en résulter, ce sera de faire disparaître cette race d'intermédiaires, lesquels obligent nos filles, pour ne pas mourir de faim, à demander assistance à la débauche, à la prostitution!

Croyez-vous, citoyens, qu'un journal rédigé dans cet esprit, ne rendra pas d'éminents services? Oui, je le dis avec une entière et ferme conviction, s'il eût été fondé il y a vingt ans, il nous eût sauvé de bien des misères, et beaucoup de fautes n'auraient pas été commises!

Mais, citoyens, tout ne se borne pas là; car, j'ai encore beaucoup mieux à demander à nos législateurs.

Ecoutez! Il faut que tout en respectant les intérêts, les

droits acquis (je ne suis pas un partageux), la loi qui devra régir les Sociétés de secours qui ont pour base et principe, la fraternité, ne rencontrent aucune entrave, pour acquérir pour posséder, facultés qui sont accordées à d'autres que je ne veux pas nommer, et qui sont de véritables traquenards où vont s'engloutir l'épargne et souvent l'honneur, l'avenir de la famille de l'artisan aisé, du petit *rentier*.

Un auteur que vous connaissez tous, citoyens, au moins de nom, — a écrit :

« *La classe ouvrière ne possède rien, il faut la rendre propriétaire !* »

Eh bien, moi, je dis qu'il faut qu'elle le devienne, non par faveur, mais en vertu d'un droit que l'on ne peut pas nous dénier, sans se rendre coupable d'une flagrante injustice ; injustice qui aurait pour conséquence de porter atteinte aux intérêts de la classe aisée, que l'on a la prétention de vouloir sauvegarder !

Oui, afin d'assurer le droit des autres, nous demandons aussi celui d'acquérir meubles et immeubles, et entendez-le, nous voulons devenir *propriétaires !* Non en partageant, mais avec notre argent, nos ressources ; nous voulons pour nos Sociétés, ce qui est accordé, permis aux corporations religieuses ! Il nous faut notre place au soleil, elle doit accroître la sécurité de tous, des riches surtout ! Nous, la plèbe, la vile multitude ; nous aurons des maisons, des champs, des prés, des bois et probablement des châteaux où seront, étant honorés, logés, nourris, non par l'aumône, mais en vertu d'un droit acquis, les vieillards, les mutilés, les invalides du travail !

Et qui sait, peut-être un jour, nous aurons nos distractions princières : courses, chasses à courre. Oui ! mais quand nous serons certains qu'à pas un de nous, il manque le *nécessaire !*

Quand nous aurons le droit, et il nous le faut, d'acquérir, de posséder collectivement le sol, celui de nous organiser, pour produire et vendre, alors et on le sait, croyez-le, citoyens, toutes les questions dites sociales seront résolues.

Associations, coopérations, instruction, tout sera possible, et l'humanité pourra accomplir son œuvre, ayant une base inébranlable indestructible,

Ce sera le couronnement de l'édifice :

Plus de paupérisme !

Plus de parias !

Plus de lanternes !

Le flambeau de la liberté éclairera le monde entier, et les peuples en se donnant la main formeront une sainte alliance !

Honneur donc, citoyens ! Honneur au *travail !*

Source unique et pure de toutes les richesses,

Qui seule peut nous émanciper !

LE TRAVAIL

DROIT ET DEVOIR

Quoique m'étant sérieusement occupé depuis bien des années de ce qui a rapport à l'indépendance, à l'avenir des ouvriers. Je dois avouer en toute humilité que je n'ai jamais compris le

DROIT AU TRAVAIL.

Et cependant il y a peu de jours que Louis Blanc écrivait dans le *Rappel* que ce *droit* était une nécessité :

Il n'appartient pas à un écrivain aussi peu érudit, aussi peu capable que moi de juger cet éminent publiciste : Je n'en ai nullement l'intention. Cependant, je crois avoir quelque autorité pour lui demander une définition! et comment peut s'exercer ce *droit?* Ne le faisant pas, ce qui est arrivé jusqu'à ce jour, on porte la perturbation dans les esprits et l'on nuit à la cause que l'on prétend servir et j'ai d'autant plus de raison de demander la solution de ce problême, qu'après 1848, les ouvriers, mes camarades égarés, ont déserté le travail réel pour aller jouer au bouchon dans les ateliers soi-disant nationaux.

Est-ce que c'est là *le Droit au Travail !*

Une société d'ouvriers que j'avais dirigée et qui devait arriver à un progrès sérieux par l'épargne mutuelle, s'était constitué un capital de 80,000 francs; elle les a dépensés en tentatives infructueuses, conséquences de nos systèmes mal définis — ou plutôt qui sont une infirmité de vos cerveaux malades — de votre orgueil, de vos vanités non satisfaites, et Proudhon qui n'en savait pas plus que vous sur le *Droit au Travail* a bien fait de dire que vous étiez des *blagueurs.*

Une autre fois, j'espère bien revenir sur ces questions, et vous dire comment vous en entendez faire l'application.

Mais il n'en est pas de même *du Droit du Travail.*

Considéré comme la plus sacrée des propriétés, sa rénumération sous quelque forme qu'elle se produise a des droits que le Législateur devra consacrer; en retenir une partie sous quelque prétexte que ce soit, c'est commettre un *vol.*

Faire travailler à bas prix, quand l'ouvrier se trouve dans la nécessité d'accepter toutes les conditions qui lui sont faites, c'est un *vol*, avec préméditations !

C'est un guet-à-pens !

Faire travailler des enfants, quand on pourrait occuper des valides : les user comme des machines, les pervertir par de mauvais exemples, c'est un *crime* de lèse humanité.

Les maîtres ou contre-maîtres qui abusent de leurs positions pour flétrir les ouvrières qu'ils occupent sont des *infâmes*, ils doivent être punis.

Sont plus que blâmables aussi, les industriels qui font attendre pendant une demie-journée, la mère de famille qui vient mendier à leur porte, quelques francs, rémunération insuffisante d'un travail ingrat.

Honte à eux, c'est l'esclavage, pire que celui d'Amérique.

Devoir :

Les ouvriers qui manquent au devoir doivent aussi être punis.

Un travailleur qui a consenti à une tâche et qui est payé pour la faire, s'il ne l'accomplit pas, c'est un *voleur*.

Des travailleurs profitant de ce qu'ils ne sont pas surveillés pour perdre leur temps dans l'oisiveté ou au cabaret, sont des *lâches*.

Ils s'assimilent aux galériens, auxquels ils faut des garde-chiourmes.

Ils déshonorent le travail : ils doivent être punis.

Sont coupables aussi les ouvriers qui compromettent les intérêts de leurs patrons en chômant au lieu de leur venir en aide aux époques où les commandes sont nombreuses.

Par ces moyens on entretient ou l'on fait naître un antagonisme qui est toujours préjudiciable à celui qui a besoin de son travail pour vivre. Ce n'est pas de la dignité, du reste. L'ouvrier qui se respecte et qui comprend sa noble mission doit les mépriser, si son travail est suffisamment rénumérateur, il n'est pas l'inférieur de son patron, il est son égal, son associé.

Voilà ce qu'il faut arriver à faire comprendre aux uns et aux autres.

Et en réalité le salaire n'est qu'une part dans les bénéfices.

Seulement il faut la proportionner.

Avisez : c'est la route du progrès et de l'émancipation, patrons ou délégués, il en faudra toujours.

Sont blâmables et plus que blâmables, les travailleurs qui ayant de bons patrons passent leur temps chez les Paul Niquet, sophistiqueurs, empoisonneurs patentés; ils se dégradent, s'avilissent et se font mépriser. Honte à eux, ils sont indignes d'être libres.

Sont encore plus blâmables, les ouvriers pères de famille qui, les jours de paie, passent la nuit ou une partie de la nuit dans les cabarets où ils y perdent, avec leur raison, une partie du salaire nécessaire pour l'entretien du ménage.

Querelles, discordes, mauvais exemples, souvent voies de fait en sont les résultats, et les suites.

Honte! honte! vous n'êtes pas des ouvriers. Sans doute, il nous faut des distractions, mais nous ne devons pas nous avilir et nous faire mépriser.

Et quoique l'on dise officiellement que l'élévation des Impôts indirects, est le thermomètre de la fortune publique. Je soutiens moi, que c'est celui de l'avilissement et de la dégradation des classes laborieuses.

C'est le signe du temps.

Donc, dirai-je en finissant, il faut au *travail* cette sainte et pure richesse, des lois et des juges: plus d'arbitraire, que les intérêts de tous soient sauvegardés et nous deviendrons libres.

A. J.

Si nous voulons être libres, sachons être dignes.

Cette brochure n'est pas une spéculation, c'est une œuvre d'intérêt général ; des exemplaires vont en être envoyés aux législateurs qui doivent s'occuper prochainement des réformes à introduire dans l'organisation des Sociétés de secours mutuels.

N'ayant pas les ressources suffisantes pour faire des frais d'annonces, l'auteur remercie d'avance Messieurs les Rédacteurs de journaux qui voudront en entretenir leurs lecteurs ; si ce travail mérite commentaire ou critique, renvoyer le numéro à l'adresse ci-dessous ; si les objections sont sérieuses, il y sera répondu immédiatement.

Peuvent aussi s'adresser à l'adresse ci-après, les personnes qui voudraient s'associer à la publication d'une œuvre plus importante, ayant pour titre : *l'Avenir de l'Ouvrier*, et des moyens pratiques de combattre le *paupérisme*.

Les avances faites seront considérées comme prêt.

Edouard Hazelaire, dessinateur, chargé de la comptabilité, rue du Chemin de Fer, 10, à Courbevoie.

Saint-Germain. — Imp. Th. LANCELIN, rue de Paris, 27.